NOTICE

SUR MA VIE.

PARIS,

IMPRIMERIE DE SÉTIER,

RUE DU CIMETIÈRE-SAINT-ANDRÉ-DES-ARTS.

1819.

NOTICE SUR MA VIE,

TANT CALOMNIÉE.

J'ai promis de faire connaître ma vie, quoique les souvenirs qu'elle me rappelle n'aient rien que d'amer. Je tiendrai ma parole ; c'est une douleur de plus que je devrai à mes ennemis. Ma narration sera courte, comme doit être un voyage dans un sentier semé d'épines. Ce n'est point un roman que j'arrange, c'est une simple et déplorable histoire que je raconte.

Je suis né à Prades, petite ville des Pyrénées orientales. Mon père, baron de Thoren, avait hérité d'une fortune considérable ; mais il eut dix-neuf enfans. Ma mère était de la famille Bordes, l'une des plus nobles du pays, et plus respectable encore par ses vertus, qui sont la véritable noblesse. Je ne ferai point ici le panégyrique de cette adorable mère. Mais s'il est vrai que les âmes, au sortir de ces orageuses

1

luttes qu'on nomme la vie, gardent encore le souvenir de ce qu'elles ont aimé, je craindrais de l'évoquer, de peur que ma voix, en parvenant jusqu'à elle, ne lui apprît toutes mes douleurs.

Mon père, à la vérité, eut le bonheur de ne pas voir la révolution dans ce qu'elle eut de plus atroce ; mais il en éprouva les premiers effets ; il partagea le sort de ses premières victimes. L'intendant et le viguier de la province étaient ses meilleurs amis. Il fut assassiné pour avoir soutenu leur cause, triste conformité entre sa destinée et la mienne !

Ses biens consistaient en rentes féodales, et en une forge située au village de Mantet, qui fut brûlée par les soldats de la république, à la première guerre d'Espagne.

Il ne me restait plus, en 1793, que quatre cents francs de rentes. J'avais tout perdu, tout s'était abîmé dans le gouffre sans fond. Je conçus la pensée de me dédommager d'une partie de mes pertes, en achetant un domaine national qui rapportait au moins quatre mille francs de revenu. Pour réaliser mon projet, je vendis mon bien patrimonial, triste et unique débris de ma fortune passée. Ce n'était point envahir des biens étrangers, c'était reprendre les miens ; ce n'était point porter atteinte à la fortune d'un autre, c'était recueillir en partie les débris de la mienne. D'ailleurs, il fallait donner un gage aux oppresseurs du tems ; et l'on sait à quel prix ils accordaient la vie.

Je ne tardai pas à me laver de cette souillure, si c'en était une. A peine Robespierre eut-il payé ses crimes, que je me hâtai de vendre ce bien à prix d'achat, ou peu s'en fallait, ne me réservant qu'une maison et un jardin que tous les embellissemens ne pouvaient rendre agréables.

J'avais été taxé, dans l'emprunt forcé, pour une somme de quatre-vingt-dix mille francs assignats, où neuf cents francs écus. Je n'avais point cette somme. Je l'empruntai à un homme qui faisait métier d'obliger, moyennant quatre pour cent d'intérêt par mois ; et cet homme eut le reste de mes dépouilles.

La révolution se calma peu à peu ; et mes goûts paisibles et casaniers revinrent avec les espérances d'un meilleur avenir. L'étude des lettres occupa mes journées solitaires. J'y trouvai consolation et dédommagement ; et je repris un peu de mon ancien amour pour l'humanité, en m'éloignant d'elle.

Ce fut dans cette retraite de quelques années,

que je mis la dernière main à deux ouvrages qui ne survivront sans doute pas à leur auteur, mais qui me seront toujours chers , comme un souvenir d'innocence. Ce sont de vrais amis; je leur dois le peu de jours sereins qui ont lui dans mon orageuse vie.

Je n'ai eu qu'une place ; encore ne l'ai-je gardée que vingt-neuf jours. C'était une recette générale dans les douanes. Les versemens des receveurs particuliers avaient produit une somme de deux mille deux cent neuf francs ; à cette somme , insuffisante pour les besoins du service , j'ajoutai de mes deniers un complément de deux cent quarante francs. C'est un fait vérifié, prouvé, constaté, clair comme le jour.

Une plaisanterie de ma part fut , pour d'autres, le motif d'un crime. M. *Poch*, maire d'Angoustrine , m'avait remis , par acte notarié , pour le remplaçant de son fils , une somme de trois mille francs en pièces de cinq francs que j'échangeai contre des quadruples. Je montrais en riant cet or que j'appelais ma récolte. Un homme dont je n'écrirai pas le nom , pour ne pas souiller ma plume, feignit de prendre ce lazzi pour un aveu. Il convoitait ma place ; et la cupidité n'est pas moins aveugle que la haine.

L'intelligence de cet homme était fort étroite : mais il ne faut pas du génie pour comprendre qu'on ne s'accuse point publiquement soi-même ; et pourtant il trouva le secret de mettre le général de son parti. C'est que le héros sacrifiait à Bacchus au moins autant qu'à Mars.

Qu'il me soit permis de passer rapidement sur les détails de cette malheureuse affaire. On aposta un contrebandier, qui nia sa signature, apposée au bas d'un billet qu'il m'avait fait remettre par son oncle, en présence de témoins, pour garantir le paiement des droits. La fable était ridicule, absurde, gauchement ourdie. Le contrebandier s'était soustrait par la fuite ; n'importe, il fallut subir un jugement. On devine l'issue : je vis des larmes couler des yeux de mes juges. Mon accusateur, qui était devenu mon successeur, perdit le fruit passager de son crime.

Voilà cette circonstance de ma vie que mes ennemis, qui sont aussi les éternels ennemis de la légitimité, ont opposée à mes services, à mon zèle, à mes longs et douloureux sacrifices. Ainsi s'est élevé un nuage entre le souverain trompé et le sujet fidèle. Puisse enfin cette courte et simple notice porter la lumière aux pieds du trône. L'intérêt du Souverain ne diffère pas ici de mon intérêt propre ; car à quoi lui servira d'être juste, si on lui représente la vertu sous les couleurs du crime ; et qui ne sera pas encouragé à le trahir, si la voix des traîtres étouffe la voix du sang versé pour sa cause !

A M. Lainé, *Ministre de l'Intérieur.*

Monseigneur ,

La signature de cette lettre convaincra votre excellence qu'il est des hommes qui ne se rebutent pas facilement, quand ils ont pour eux le bon droit.

En partant pour ma province , j'avais écrit votre Excellence que je ne renonçais point à obtenir justice entière; car une demi-justice est indigne de vous. Je viens la réclamer aujourd'hui, accompagné de ma femme et de mes cinq enfans. Réduit, par la mauvaise fortune , à quitter le sol natal et l'humble foyer de mes pères, je n'ai pas cru devoir chercher un autre asile que le séjour même du Prince que j'ai défendu au prix de tout mon sang.

M. Vaublanc, votre prédécesseur, m'avait fait espérer de l'emploi. Vous-même ne m'aviez point interdit cette espérance; et comment l'auriez-vous pu faire, sans cesser d'être juste, c'est-à-dire, sans cesser d'être vous-même ?

Pour arriver jusqu'à vous, j'ai épuisé le peu qui me restait. Ce peu même n'a pu suffire , car je dois encore la plus grande partie des frais du voyage, et mes effets sont restés en gage, entre les mains du voiturier. Voilà mon état, voilà la position d'un homme qui mérite tout et qui n'a rien , tandis que. . . . .
. . . .
. Les malheureux , jetés par le naufrage , sur des bords inconnus, trouvent des secours dans la pitié des hommes , parce qu'ils sont hommes. Je ne suis pas étranger sur ces bords, moi : je les reconnais pour ceux que j'étais venu sauver.

Votre âme, Monseigneur, répondra à cet appel de la mienne. Ce n'est pas pour moi que je vous implore : je sais souffrir. Mais je suis arrivé ici avec tous mes fardeaux, qui sont aussi toutes mes consolations. Sauvez-les ; que votre éloquente voix porte enfin la vérité aux pieds du trône. Moi, je mourrais avec joie, si j'étais certain que le Prince, pour qui je me suis dévoué, servit de père à des enfans devenus orphelins pour sa cause.

Je suis, etc.

Le Baron DE SATGÉ.

Paris, 9 février 1817.

~~~~~~~~~

Au même.

MONSEIGNEUR,

J'ai reçu, avec reconnaissance, les trois cents francs que vous m'avez accordé ; mais ce secours n'a fait que prolonger mon agonie. Je devais les frais de mon voyage ; je devais quelques légères sommes à des amis, qui avaient momentanément soulagé mon infortune ; la somme que j'ai reçue est épuisée, et je me trouve au point où j'étais.

Je ne parle ici ni de mes services, ni de mes droits : je veux les oublier comme on les oublie.
~~~~~~~~~

Mais vous, Monseigneur, que les infortunes, même étrangères, ne trouvèrent jamais insensible, refuseriez-vous à mes malheurs l'appui de cette éloquence qui a sauvé des hommes moins à plaindre que moi?

Je rougis de demander toujours, mais c'est la faute de mes besoins. Le moyen d'y mettre un terme, serait de m'accorder des secours réguliers. De cette manière je verrais un peu devant moi, j'aurais un avenir. Oserai-je le dire enfin, Monseigneur, vos secours me seraient cruels, s'ils étaient incomplets; car on ne rend pas service à un malheureux qui périt, de prolonger sa vie seulement pour quelques instans.

Je suis, etc.

Le Baron de SATGÉ.

Paris, 5 mars 1817.

Au même.

Monseigneur,

Vous avez sous les yeux toute la correspondance qui me concerne. Vous savez donc mieux que personne qui je suis, ce que j'ai fait, ce que je souffre, ce qui m'est dû. S'il est dans la déplorable histoire de ma ruine quelque circonstance qui vous ait échappé, les mémoires que j'ai eu l'honneur de vous envoyer vous en instruiront. Vous y verrez une lettre que j'adresse au Roi. C'est la dernière ressource, le dernier cri d'un malheureux qui perd tout.

Je demande à Sa Majesté, non des faveurs, mais le remboursement de mes avances. Un mot de vous, et cette lettre ne resterait pas sans effet. Je l'implore ce mot salutaire, et je me flatte que vous le direz.

Il est possible qu'il y ait quelque inconvenance dans mes écrits; mais daignez, Monseigneur, réfléchir sur mes services, et vous mettre à la place d'un père de famille manquant de tout pour lui et les siens, condamné à l'inexprimable horreur de voir périr ce qu'il a de plus cher, après avoir prodigué son bien et son sang pour son Roi et pour sa patrie.

On dit que vous êtes juste, sensible, compâtissant et humain; que la grandeur n'a pas étouffé en vous la nature, que vous avez des entrailles d'homme.

Cependant je languis, je me consume. Les besoins, la douleur, le sentiment profond de

mon droit, le spectacle de tant d'autres douleurs qui me font mourir mille fois en une,
achèvent d'aigrir mon sang appauvri, et que
je voudrais voir tari.

Je ne demande plus des emplois ni des ré-
compenses à Sa Majesté, je demande ce que
j'ai perdu pour elle, la subsistance de ma
femme et de mes cinq enfans. C'est à vous,
Monseigneur, à plaider leur cause. Je les ai
relegués à la campagne, pour ne pas être té-
moin de leurs angoisses; ils payent le pain
dix sous la livre, et sont dans le cas d'en man-
quer.

Rendre un père à sa famille, une famille à
son père, quoi de plus digne de vous! Donnez
ce trait de votre bon cœur et de votre justice.

J'ai l'honneur d'être, etc.

Le Baron de SATGÉ.

Paris, 1er juin 1817.

<div style="text-align:center">~~~~~~~~~</div>

A M. le Comte de PRADEL, *Directeur-général
de la Maison du Roi.*

M. LE COMTE,

J'ai rendu de grands services à la cause
royale, et je l'ai défendue au prix de tout mon

sang. Pour elle j'ai été assassiné, mutilé par les fédérés durant les cent jours ; pour elle aussi j'ai sacrifié les débris de ma fortune.

Depuis cette époque, je me plains amèrement d'un injuste oubli, d'un oubli qui étonne, rebute et décourage tous les bons Français, par l'exemple de mon infortune. Car, enfin, il faut le dire : mon sang n'a point coulé dans l'ombre ni sous le fer d'un ennemi particulier. Ce n'est point pour ma cause propre et personnelle que j'épuisais, en 1815, le peu qui me restait de fortune, et que je franchissais les distances pour apporter un avis d'où dépendait le salut de l'Etat.

Elle est affreuse l'ingratitude dont on paye mes services. Elle n'est pas dans le cœur des enfans d'Henri IV. S'ils savaient tout ce que j'ai fait, tout ce que j'ai souffert, ils jugeraient qu'il n'y a point d'excès dans mes plaintes.

Me voici maintenant dans Paris, sans ressource, avec une femme et cinq enfans, dont les besoins pressans me réduisent au désespoir. Veuillez, Monseigneur, m'accorder quelques secours, et donner au Roi connaissance de ma supplique. Sa Majesté ne verra point d'un œil sec languir dans l'oubli un homme qui a tout fait pour elle. Elle qui ne se montra jamais inaccessible aux infortunes les plus méritées saura, je n'en doute point, apprécier et soulager les miennes.

J'ai l'honneur d'être, etc.

Le Baron de SATGÉ.

Paris, 27 mars 1817.

Réponse.

Le comte de Pradel prie M. le baron de Satgé de vouloir bien passer au ministère de la maison du Roi, bureau des pensions, le jour qui lui conviendra vers midi. Le présent billet lui servira de laissez-passer.

Signé, DE LA JONQUIÈRE.

Paris, 5 avril 1817.

Je croyais, d'après cette lettre, que mes nombreuses réclamations se termineraient par une pension, et point du tout, six jours après je reçus la lettre suivante.

M. LE BARON,

Je m'empresse de vous faire passer un bon de trois cents francs, je ne dois pas vous dissimuler qu'il serait difficile que ce secours fût répété. Recevez l'assurance de la considération très - distinguée avec laquelle j'ai l'honneur d'être, etc.

Signé, DE LA JONQUIÈRE.

Paris, 11 avril 1817.

~~~~~~~~

A M. DE LA JONQUIÈRE.

MONSIEUR ;

Je reçois à l'instant le bon de trois cents francs que vous m'avez fait l'honneur de m'envoyer ; ma reconnaissance est proportionnée à la grandeur de mes besoins.

Vous m'avertissez que ce secours sera peut-être le dernier. Permettez - moi, Monsieur, d'espérer mieux de l'humanité de M. le comte, de votre zèle à vous, et de la justice du Roi. Je promets bien de n'être pas importun ; mais je ne puis promettre d'être moins malheureux.

J'ai l'honneur d'être, etc.

Le Baron de SATGÉ.

Paris, 12 avril 1817.

~~~~~~~~

Mademoiselle de SATGÉ *, âgée de seize ans ,*
à MONSIEUR *, Frère du Roi.*

MONSEIGNEUR ,

Je viens apporter aux pieds de votre Altesse
Royale un douloureux tribut. Mon père est le
baron de Satgé. Il est possible que ce nom du
sujet le plus fidèle, de l'ami le plus dévoué du
trône, soit encore inconnu de votre Altesse
Royale; mais ce qu'il a voulu faire , ce qu'il a
fait, ce qu'il est venu révéler, ce qu'il a souffert pour ses révélations, fait depuis long-
tems l'entretien de toute la population du
midi.

Mon père est maintenant à Paris avec sa
femme et ses cinq enfans. Ses ressources sont
épuisées, son sang est en quelque sorte tari.
Laisserez-vous périr notre ami , notre unique
soutien sur la terre? ne daignerez-vous point
vous charger de la dette du trône, vous Monseigneur, qui devez y monter un jour.

Ma démarche paraîtra peut-être hardie;
mais moins elle s'accorde avec la réserve que
mon sexe et mon âge m'imposent, plus elle
atteste l'empire des motifs qui me l'ont dictée.
Mes yeux sont éteints dans les larmes de la

douleur; il serait digne de vous de les rani-
mer par les larmes de la reconnaissance.

J'ai l'honneur d'être, etc.

FRANÇOISE SATGÉ.

Paris, 24 mars 1817.

~~~~~~~~

A Monsieur, *Frère du Roi.*

MONSEIGNEUR,

Les journaux sont pleins du récit de vos
munificences. Vous abandonnez les revenus
de vos forêts à des provinces désolées, mais
pour une autre cause que la vôtre. Moi, j'ai
tout souffert, tout osé, tout perdu pour les
Bourbons. Six voyages à Paris ont épuisé la
subsistance de ma famille. Le sabre des assassins en me mutilant, m'a ôté les moyens
que j'avais en moi d'y pourvoir. Je suis mort
pour elle; mais le souvenir de mes services
doit vivre dans l'ame des enfans d'Henri IV.
J'implore les secours de votre Altesse Royale.
Ce n'est pas seulement à son humanité, c'est
à sa justice que je m'adresse.

J'ai l'honneur d'être, etc.

Le Baron DE SATGÉ.

Paris, 24 avril 1817.
~~~~~~~~

A M. DE CHATEAUBRIAND.

MONSIEUR ,

Je comptais sur votre bienveillance, vous m'en aviez donné plus d'un témoignage. J'aurais désiré que ces témoignages fussent des preuves; je devais les croire sincères. Que n'ai-je pas fait pour les mériter? Comment les espérances qu'ils m'avaient fait concevoir se sont – elles évanouies? Comment le bras qui devait me soutenir s'est-il retiré de moi?

Le tems qui ennoblit par sa sanction les moindres services rendus, a-t-il donc effacé les miens? Ne suis-je plus ce même homme accouru du fond de ma province, dans un danger imminent, pour sauver l'Etat? Je porte sur ma tête l'empreinte du fer des assassins. Hélas ! j'ai fait plus que de donner mon sang: J'ai prodigué la subsistance de mes enfans, je leur ai ôté le dernier débris où s'appuyait leur misère ! et pourtant je n'éprouve que des refus, on m'abreuve de dégoûts.

Nud, sans argent, sans effets; car d'impitoyables créanciers ont tout saisi; dévoré de mille maux , dont les plus cruels ne sont pas les plus apparens; manquant de pain pour ma famille et pour moi, je me traîne chez le premier magistrat de ma ville, M. de Villèle, il me répond par doléances sur sa fortune ; je lui dis qu'il ne me reste plus qu'à mourir ; il me conseille d'*utiliser ma mort !* funeste effet de l'ingratitude du gouvernement ! un vice descendu de si haut a bientôt desséché toutes les âmes.

Malgré tant de motifs d'éloignement pour les protecteurs, j'ose encore m'adresser à vous. Si vos promesses furent sincères, si jamais j'excitai dans votre ame quelqu'intérêt, si mes infortunes vous arrachèrent quelques sentimens d'indignation et de pitié, appuyez auprès de Monsieur la demande que je lui ai faite, que son secrétaire, M. de Vèze, a déclaré qu'on prendrait en considération, et qui est restée sans réponse.

Montrez, Monsieur, que vous savez secourir ceux que vous savez plaindre. Je ne suis point ingrat de mon naturel. Un service reçu me pèse, jusqu'à ce que j'aie acquitté. Il y a quelque chose encore dans cette âme qu'on déchire ; ma tête épuisée de sang n'est pas entièrement stérile ; je suis prêt à rendre de nouveaux services, même au péril de ma vie ; mais que je puisse faire de mon dévouement un patrimoine pour ma désolée et déplorable famille.

Le Baron DE SATGÉ.

Paris, 24 avril 1817.

Réponse.

Monsieur de Satgé sait très-bien que je n'ai ni fortune ni crédit, que je suis moi-même persécuté, que je suis occupé à vendre tout ce que j'ai, même mes livres, pour payer mes dettes. Il doit savoir encore que, n'allant plus au château, je n'ai aucun moyen de le servir auprès des hommes puissans.

Monsieur de Satgé a donc tort de croire que je ne veux pas l'obliger, c'est que, dans le fait, je ne le puis pas. Je serai toujours charmé de voir M. Satgé quand il me fera le plaisir de venir chez moi.

DE CHATEAUBRIAND.

Paris, ce 25 avril 1817.

M. DE CHATEAUBRIAND à M. DE SATGÉ, à Toulouse.

Je serai trop heureux de vous revoir, Monsieur le Baron. Vous avez sur la tête de nobles coups de sabre qui m'ont toujours plu. Espérons que nous finirons par couper les oreilles à ceux qui ont voulu nous les couper.

Cette ville de Toulouse est une merveille, et je me trouve honoré de son suffrage, plus encore que je ne suis fier de la haine des Jacobins. Portez-vous bien, Monsieur, venez, et vive le Roi quand même !

DE CHATEAUBRIAND.

Paris, 30 octobre 1816.

à M. le Comte de PRADEL.

M. LE COMTE,

Je voudrais qu'il me fut possible de vous exprimer ce que j'éprouve pour le gracieux envoi que vous m'avez fait de la somme de six cents francs ; mais le langage humain est quelquefois impuissant. Représentez-vous Ugolin arraché à ses tortures, et vous aurez une juste idée de votre bienfait et de ma reconnaissance.

J'ai l'honneur d'être, etc.

Le Baron de SATGÉ.

Paris, 1er octobre 1817.

~~~~~~~~~~

A M. LAINÉ, *Ministre de l'Intérieur.*

MONSEIGNEUR,

J'ai plus d'une fois entretenu votre Excellence de mes malheurs et de mes services. Il faut que les besoins généraux soient bien pressans, puisqu'ils ont pu arrêter l'élan naturel
~~~~~~~~~~

de votre âme généreuse. Plein de respect pour un si noble motif, je consens à faire à mon Roi le sacrifice de mes plaintes, comme je lui ai fait celui de mon sang.

Voici maintenant à quoi je réduis mes demandes. J'ai des enfans qui languissent auprès de moi, sans instruction : ce n'est pas de moi qu'ils doivent l'attendre. Depuis mes longs malheurs, je ne suis plus moi-même; chaque jour emporte avec lui quelqu'une de mes facultés , heureux s'il pouvait emporter tous mes souvenirs!

Votre Excellence dispose des bourses gratuites aux colléges royaux; je la supplie de m'en accorder deux, l'une pour Joseph , et l'autre pour Antoine de Satgé, mes enfans, le premier âgé de douze ans , l'autre de dix. Ils réunissent toutes les conditions exigibles ; l'ordre de la société , les convenances qui sont l'esprit de la monarchie, ne permettent pas qu'ils embrassent une profession mécanique, et d'ailleurs je manque des moyens nécessaires pour cet objet.

Votre Excellence n'a pas besoin que je lui dise sous quelles couleurs vient s'offrir à un père l'avenir d'un enfant privé de fortune et d'instruction; conduit par les chances du sort

et le mépris des hommes, à flétrir son nom,
ou à l'abjurer du moins. Monseigneur, vous
leur donnerez plus que la vie ; ils vous devront
plus qu'à moi-même.

J'ai l'honneur d'être, etc.

Le Baron de SATGÉ.

Paris, 20 août 1817.

———————

Cette demande fut accueillie, moyennant
le trousseau et partie de la pension.

MÉMOIRE

A LA CHAMBRE DES DÉPUTÉS.

MESSIEURS LES DÉPUTÉS ,

Je m'adresse à vous avec cette confiance que la vertu inspire au malheur. Opprimé par un grand, outragé par un ministre, dans cette double iniquité, vous êtes mon dernier recours. Élevés par vos nobles fonctions, moins encore que par l'indépendance de vos caractères, au-dessus de ce préjugé trop commun qui ne sépare jamais l'homme de sa place, et se figure toujours l'infaillibilité près de la grandeur, vous pensez que le salut de tous dépend du salut de chacun, et que la justice publique ne saurait recouvrer ses droits au milieu des injustices particulières.

Les hommes que j'accuse devant vous sont M. de Luxembourg, capitaine des gardes de Sa Majesté, et M. de Vaublanc , secrétaire d'Etat au département de l'intérieur. Le premier a compromis la sûreté de l'Etat par trop d'insouciance, ou, si l'on veut, par trop de confiance; le second n'a pas rougi d'abuser de son pouvoir contre le faible : après m'avoir refusé la justice qui m'était due, il a tenté de me punir par le déshonneur du crime d'avoir senti l'amertume de ce refus.

Pour vous épargner ici des détails qui fatigueraient votre attention, j'ai l'honneur de vous envoyer tous les mémoires, documens, certificats sur lesquels se fonde ma cause. Ils vous feront connaître un homme que, pour prix du plus grand service et du sacrifice le plus exemplaire, on a voulu rendre un objet de dérision et de mépris.

C'est moi qui vins annoncer le prochain retour de Buonaparte, dans un tems où l'Europe entière le croyait sur son rocher livré à de soins puérils ou à de stériles remords. C'est moi qui remis à M. de Luxembourg une lettre pour Sa Majesté où les circonstances de ce monstrueux évenement étaient exposées de manière à ne laisser aucun doute sur le nœud secret et l'époque du dénouement.

Vous qualifierez mieux que moi le sentiment qui porta M. le Duc à dérober ma lettre à la connaissance de Sa Majesté. Vous jugerez dans quelle secrète pensée, invité plus tard à confirmer par son témoignage un fait qu'il ne pouvait nier avec honneur, il prit le parti de l'avouer en le dénaturant, et, par un moyen dont les preux ses ancêtres ne se seraient point avisés à sa place, il consentit à passer pour une âme tiède, pourvu qu'on me regardât comme un esprit bisarre.

M. de Vaublanc a cédé à des considérations qui sont de quelque poids. Il n'a point vu le serviteur obscur accouru du fond de sa province pour sauver un grand crime à une partie de la France, et une longue douleur à tout le reste ; il n'a point vu le gardien des Rois endormi sur les marches du trône, et repoussant avec dédain ce serviteur fidèle ; il a vu d'un côté un nom presque ignoré, sans dignités et sans crédit, de l'autre un nom illustre et une charge éminente.

Je n'ose pas dire que j'aie jamais estimé M. de Vaublanc. Observateur attentif des différentes phases de la révolution, j'ai pu remarquer sa place parmi des hommes dont le seul contact est une souillure, j'ai pu entendre de leur bouche l'éloge de ses vertus d'alors, et de la sienne la profession de foi qui convenait à de tels hommes et à de telles époques.

Par respect pour l'autorité dont il est re-
vêtu , sur-tout pour la majesté du trône dont
quelques rayons se réfléchissent sur lui, j'au
rais laissé à d'autres le soin d'exhumer de hi-
deux monumens , me bornant à l'avertir que
j'en connaissais l'existence ; mais il a jeté le
gant lui-même , et bien moins généreux que
moi, c'est en mon absence qu'il a rempli les
journaux de ses mordantes réclamations bien
ou mal ajustées avec ses phrases apologétiques.

Cette vengeance pourrait n'être que mal-
adroite; car enfin , à travers tout le clinquant
du style et tout l'apprêt du coloris , on cher-
chera peut-être qu'elle est l'accusation dont
je suis l'objet, sur-tout qu'elle est celle dont
je suis l'auteur. La première , si pompeuse-
ment échafaudée , pourrait se réduire à un
abus de mots; la seconde , émoussée d'avance
avec tant d'art, pourrait bien reposer sur des
faits constans.

Mais pendant que M. de Vaublanc m'acca-
blait ici de tout le poids de l'autorité, et triom-
phait à l'aise et sans danger dans une arène
dont il m'avait interdit l'accès, il ne laissait
pas de négocier secrètement, me diffamant à
Paris et me flattant à Toulouse, me repré-
sentant dans les journaux comme un spécu-

lateur d'emplois, et m'en offrant un à ma con-
venance par l'entremise du préfet de la Haute
Garonne. C'est à la fois aiguiser son glaive et
enchaîner le glaive ennemi ; on ne saurait pous-
ser la prévoyance plus loin.

Un de vos orateurs l'a dit, Messieurs, et
toute la France l'a répété après lui : *Vous ne
terminerez jamais la révolution avec des
révolutionnaires*. La seule bonne interpré-
tation de cette grande pensée, c'est de n'ad-
mettre dans les plus grands, comme dans les
plus petits emplois d'un gouvernement royal
que des royalistes. On ne s'est jamais avisé de
confier un dépôt à des dépositaires suspects.

J'avais donné à mon Roi, à mon pays, mes
veilles, ma fortune, mon sang ; je me croyais
autorisé à espérer une récompense. M. de
Vaublanc appelle cela de l'intrigue ; est-ce donc
que tous les titulaires des emplois du royaume
seraient des intrigans, et d'autant plus adroits
qu'ils seraient parvenus plus haut ?

Repoussé loin des voies qui conduisent
communément jusqu'à l'opinion publique,
j'ai compris qu'il n'était pas au pouvoir d'un
ministre, de m'interdire la plus sûre et la plus
sacrée de toutes. Ce serait une trop hideuse
dissonnnance, Messieurs, que dans cette épo-

que de justice et de vérité, un royaliste fût récompensé de ses avis méconnus, de sa fortune épuisée, de son sang répandu, je ne dirai point par l'oubli, mais par le mépris.

Vous entendrez mes justes plaintes, vous nous ferez justice à moi et à mes oppresseurs. En songeant à ces tems impies où coula le sang le plus auguste, vous vous rappellerez qu'un homme aujourd'hui ministre, deux ans auparavant, s'était arrogé l'initiative du parricide (Voyez le Moniteur du 9 nov. 1791). Et si la coupable réticence de cet autre serviteur du trône qui repoussa le salut de tous que je lui venais offrir, ne paraît à vos yeux que le fruit d'une longue habitude d'orgueil et de dédain, du moins vous flétrirez par votre réprobation ces molles tiédeurs plus souvent funestes à la patrie que l'audace même du crime.

Le Baron de SATGÉ.

Toulouse, 29 mars 1817.